AF247865

DES VÉRITABLES

DISPOSITIONS DE LA FRANCE,

ET DES MOYENS LES PLUS PROPRES
A EN FACILITER LA MANIFESTATION;

MÉMOIRE

Adressé le 14 mars 1814, à Sa Majesté l'Empereur de toutes les Russies,

PAR JOSEPH TUROT,

Ex-secrétaire général du ministère de la police générale.

A PARIS,

CHEZ J. G. DENTU, IMPRIMEUR-LIBRAIRE,

Rue du Pont de Lodi, n° 3, près le Pont Neuf.

1814.

AVERTISSEMENT.

—

LE Mémoire que nous donnons aujourd'hui au public n'était pas destiné à l'impression. Demandé à l'auteur par S. Ex. le ministre d'état baron de STEIN, alors chargé des affaires de France, il a été remis, le 14 mars dernier, à S. M. l'Empereur de toutes les Russies; et nous avons pensé qu'une pièce qui s'est si heureusement rencontrée avec les généreuses résolutions du libérateur de l'Europe, n'eût-elle que le mérite d'avoir pressenti ses desseins glorieux et sans exemple dans l'histoire, ne pouvait qu'intéresser vivement tous ceux qui se sentent Français et s'honorent de l'être. Cette pièce nous a paru aussi renfermer des vues nouvelles , utiles , et indiquer une partie de ce qu'il conviendrait de faire pour achever l'extirpation de la tyrannie. Enfin, une dernière considération nous a déterminés. Beaucoup de gens se vantent aujourd'hui d'avoir concouru à délivrer la France de son indigne oppresseur. S'il faut les en croire , ils conspiraient depuis longtemps, depuis long-temps ils avaient donné des assurances et même des gages à nos libérateurs. Le mémoire que nous publions fait voir clairement le véritable point où en étaient les choses à l'époque du 14 mars dernier; et combien peu d'assurances et de gages avaient encore été donnés. Il restitue par-là , et d'autant plus incontestablement que ce ne pouvait être-là l'objet de l'auteur ; il restitue à l'empereur ALEXANDRE , toute la gloire que doit

à jamais lui assurer sa mémorable dé-
claration du 31 mars, en même temps
qu'il réduit à leur valeur les services
qui ont été rendus, et qui sont assez
grands pour n'avoir pas besoin d'être
exagérés.

Nous sommes donc fondés à croire
qu'on ne lira pas sans intérêt les ré-
flexions d'un vrai citoyen sur les
moyens de sauver la France, et la
nécessité d'y rétablir la monarchie et
la race royale légitime. Un but si
louable, et auquel il était alors si cou-
rageux de marcher à découvert, jus-
tifie tout ce que l'on pourrait trouver
de libre, de hardi, et même de tran-
chant dans les opinions de l'auteur.
Peut-être lui reprochera-t-on trop
de chaleur; car c'est depuis long-temps
le reproche à la mode, celui par lequel
les apathiques du siècle, les gens qui
ont servi et souffert toutes les tyran-

nies, ont coutume de repousser tout ce qui a conservé quelque énergie, quelque dignité, quelque trait du caractère national. Pour nous, notre opinion sur la manière de l'auteur est toute opposée, et nous sommes de ceux qui pensent avec *VAUVENARGUES*, que *toutes les grandes pensées viennent du cœur.*

L'auteur de ce Mémoire, car il nous faut le nommer, est M. *Joseph Turot*, long-temps propriétaire et rédacteur de la *Gazette de France*, ex-secrétaire général du ministère de la police, et celui-là même qui, au 18 brumaire, a rendu de si grands services à Buonaparte. La fermeté de ses principes et son intégrité le firent bientôt persécuter, et avec d'autant plus d'acharnement qu'on lui était plus redevable. *Fouché*, cependant y mit de la mesure et une sorte de réserve, parce que *Fouché* est homme d'esprit; mais *Savary* s'est porté contre lui aux derniers excès. Sous son ministère, M. *Turot*, que l'on avait déjà ruiné à plaisir, fut exilé, puis arrêté, puis jeté dans les cachots, puis définitivement relégué pour la vie dans un château fort. Il s'est échappé. Réduit à fuir, il a cherché un refuge dans l'armée russe, il a réclamé la protection de l'empereur Alexandre, et l'a obtenue. Il paraît que ce n'est que vers les premiers jours de mars qu'il a pu parvenir au quartier-général de sa majesté, qui pour lors était encore à Chaumont. On y était étonné de l'indifférence apparente des Français pour leur patrie et leur libération. On demanda à M. *Turot* un Mémoire sur ce qu'il croyait être les véritables dispositions du peuple Français; il le donna aussitôt, et c'est ce Mémoire que nous publions sur une des copies qu'il en a laissé prendre à quelques Français, comme lui réfugiés dans l'armée russe.

Nota. Du moment où M. Turot a laissé prendre des copies de son Mémoire, nous ne pensons pas que la publicité que nous lui donnons puisse lui être désagréable; seulement nous prions le lecteur de ne rien lui imputer des fautes qui pourraient se trouver dans cette édition, et de ne les attribuer qu'à l'inexactitude de la copie ou à notre inattention.

DES VÉRITABLES

DISPOSITIONS DE LA FRANCE,

Et des moyens les plus propres à en faciliter la manifestation.

———

Chaumont, 14 mars 1814.

AVANT de pénétrer en France, les alliés ont regardé comme un devoir de déclarer leurs intentions à la face de l'Europe; après le passage du Rhin, les proclamations de leurs généraux ont consacré la persistance de ces intentions, dont la noblesse et la générosité honoreront à jamais les souverains qui les ont manifestées. Dès ce moment, la guerre qu'ils avaient soutenue pour la défense de leurs états, a pris un caractère plus auguste encore : elle est devenue une sorte de guerre sacrée entreprise pour arrêter la trop longue effusion du sang européen, et pour le repos d'une nation dont le chef a successivement troublé celui de tous les peuples. Mais cette guerre, la première peut-être qui se soit encore faite dans le seul intérêt de l'humanité, ayant un but si relevé , impose aussi de plus grandes obligations, et il semble d'abord qu'on ne peut plus honorablement déposer les armes qu'après l'avoir atteint.

Dans cette position, après s'être aussi franchement et aussi publiquement expliquées, les puissances alliées semblent frappées d'étonnement lorsqu'elles considèrent l'apathie apparente et l'attitude silencieuse d'une nation que son effervescence a rendue si malheureusement célèbre dans les dernières années du 18ᵉ siècle. Cet étonnement, dont la cause tient à une multitude d'appréciations inexactes, pourrait avoir les plus dangereuses conséquences pour la France et pour les alliés eux-mêmes. Il pourrait amener le découragement, faire naître une lassitude prématurée, et conduire à une fausse paix, plus dangereuse mille fois que la guerre. Il importe donc de montrer pourquoi la nation française n'a pu répondre au généreux appel qui lui a été fait, comment elle est réellement et nécessairement dans les meilleures dispositions que l'on puisse souhaiter, et par quels faciles moyens on peut l'amener à les manifester : tel est l'objet de ce Mémoire.

§. Ier.

Si la nation française eût été libre de s'ex-
pliquer, ou seulement dans la possibilité de
le faire, son silence devrait assurément sur-
prendre et donner quelques appréhensions ;
mais si l'on veut bien ne pas s'arrêter à ce
vain appareil des constitutions de l'empire,
lesquelles semblent n'avoir été faites que pour
être violées, et que l'on s'attache à la réalité
du gouvernement qui l'opprime, on se con-
vaincra bientôt que, loin d'avoir pu et de
pouvoir se prononcer, plus elle desire un
changement, plus elle doit craindre de le té-
moigner avant la chûte de l'oppresseur, et
qu'ainsi le silence et l'inertie qu'on lui reproche, témoignent clairement qu'elle attend
sa délivrance et non pas qu'elle la repousse.

Il eût été à desirer sans doute qu'elle eût
fait plus qu'attendre, et souhaiter sa libération;
mais s'ensuit-il que cela lui ait été possible ?
Pour qu'une nation émette un vœu et se livre
par elle-même à des actes quelconques, il
faut tout au moins que plusieurs des principaux puissent se réunir, s'assembler et déli-
bérer ce vœu ou ces actes. Or, cela est aujour-
d'hui absolument impraticable en France, où

l'exercice du pouvoir est partout réduit à l'unité, jusques dans ses plus petites ramifications, depuis que, par le fait, on y a détruit le gouvernement municipal, sans lequel on peut dire qu'une nation n'existe point comme nation. Eh! que peut-on exiger d'un peuple auquel la tyrannie a enlevé le chef et les principaux ministres de sa religion, dont elle a mutilé les autorités constituées et détruit les corporations, pour ne lui laisser que les simulacres de toutes ces choses? simulacres d'autant plus pernicieux, qu'après avoir concouru à l'abuser, ils trompent encore aujourd'hui les alliés sur la puissance de résistibilité qu'ils lui supposent.

Mais, dira-t-on, si la France est en effet aussi indignement traitée, comment ne se replie-t-elle pas courageusement sur elle-même; comment ne trouve-t-elle pas du secours et des forces dans son désespoir? et l'on cite aussitôt l'exemple de l'Espagne et de la Prusse. Cette objection, qui m'a été faite par un homme d'esprit et de mérite, est plus ingénieuse que solide; les situations n'étant nullement les mêmes, ne sauraient être comparées. L'Espagne n'avait plus de gouvernement, et la nation, rendue à elle-même, pouvait s'a-

bandonner à toute la générosité de ses résolutions; par une circonstance toute contraire,
la Prusse jouissait de la même faculté, c'était
son gouvernement qui soutenait son énergie, tandis que la France, épuisée et ré-
duite en servitude, n'a pu jusqu'à présent
qu'espérer et gémir : toutefois elle n'est encore malheureuse que de son oppression et
par son gouvernement, lorsqu'elle sera malheureuse de misère et abîmée par l'étranger,
elle fera comme l'Espagne et la Prusse ; elle
trouvera des forces dans son désespoir; elle
se soulèvera ; mais alors, qui sait si dans l'a-
veuglement de sa fureur, oubliant tout, et ne
voyant plus en lui qu'un vengeur, elle ne se
rejettera pas dans les bras de Napoléon, et
ne menacera pas encore une fois la liberté de
l'Europe ? Ainsi donc, outre que l'exemple
cité n'est rien moins que concluant, puisque
les circonstances diffèrent essentiellement, si
l'événement arrivait, il serait en opposition
évidente avec les intentions et avec les intérêts des alliés.

On a prétendu aussi que du moment où les
armées combinées avaient mis le pied sur le
sol français, la nation, encourragée par leur
présence, aurait dû se prononcer. Il me semble

qu'aucun reproche ne se pouvait moins appliquer à la situation des choses, et que, tout au contraire, il est sensible que le séjour des armées françaises et alliées n'a pu qu'ajouter à la compression générale. En effet, d'un côté, Buonaparte a fortifié son gouvernement et contenu les provinces restées en son pouvoir, par tout ce que sa présence, et celle de son armée, pouvait ajouter au poids de l'autorité civile; d'un autre, les peuples des départemens occupés ont vainement attendu qu'on leur facilitât les moyens de s'entendre et d'exprimer un vœu : bien loin de là, partout où, malgré l'isolement des individus, quelques heureuses dispositions se sont fait sentir, elles ont été aussitôt réprimées; et Dijon, qui redemandait ses princes, a dû étouffer sa voix.

Il ne saurait donc plus y avoir aucun doute à ce sujet : la nation française s'est trouvée, et se trouve encore dans l'impossibilité d'exprimer ses sentimens et son vœu ; d'où il résulte qu'elle ne saurait sortir par elle-même, et sans aide, de l'oppression qui la dégrade ; que c'est aux alliés à rompre généreusement le premier chaînon de ses chaînes, et qu'il y va de leur intérêt comme de leur honneur, de prévenir le moment de son désespoir.

Ainsi, au lieu de s'étonner que la nation ne se soit point expliquée, il faut la mettre en état de le faire ; et comme une longue et cruelle oppression a seule étouffé sa voix, c'est à la désopprimer qu'il faut s'attacher avant tout. Alors, j'en donne l'assurance, elle s'expliquera ; mais il faut qu'on l'y aide, et que, pour ainsi dire, on lui délie la langue.

Jusqu'ici qu'a-t-on fait pour la faire parler cette nation dont le silence étonne et semble pris en si mauvaise part ? On a fait des proclamations ; pièces admirables sans doute, et qui fourniront de belles pages à l'histoire ; mais a-t-on pu penser qu'il ne faudrait plus rien autre chose ? Lorsque le fils de Dieu disait au paralytique : « Lève-toi et marche, » il rendait au même instant la vie et la force à ses membres, afin que le corps fût en état d'obéir à l'esprit. Alexandre ! véritable envoyé de Dieu pour le bonheur et le repos du monde, redonnez quelque vie à cette nation éteinte, épuisée et malheureuse ; elle se lèvera, elle marchera, elle vous bénira dans les siècles !

§. II.

J'ai fait voir que rien au fond n'était moins

exact que le reproche qu'on fait à la nation de ne s'être point expliquée, puisque, dans sa position, son silence était une évidente manifestation de ses sentimens, et qu'en plus d'un lieu elle en avait fait éclater de si peu équivoques, qu'on avait cru devoir en modérer l'essor. Maintenant j'ai à démontrer que la France ne peut être que dans de bonnes dispositions, dans les meilleures même qu'on puisse souhaiter, et je tirerai mes preuves, non de mon sentiment ni d'aucun autre, mais de l'autorité des faits.

Vers la fin du dernier siècle, la nation française riche, heureuse, et de tous points dans un état prospère, mais tourmentée de ce desir du mieux, effet et cause de la perfectibilité de l'homme, entreprit de réformer le gouvernement de ses pères, et de s'en donner un plus régulier, plus en rapport sur-tout avec les idées dominantes. Entraînée bientôt par le torrent, elle eut le malheur de perdre ses institutions nationales; aussitôt elle fut jetée sans résistance vers tous les extrêmes, et, cherchant la liberté, n'en connut que les excès. Après dix ans de tourmente, après avoir successivement souffert et renversé toutes les tyrannies, elle n'éprouvait plus d'autre sentiment que celui d'un dégoût et d'une lassitude extrêmes, lorsqu'un homme se trouva, qui, s'emparant de l'autorité, promit la paix et le repos. Il fut accueilli avec transport; toute la nation parut un instant se réunir et se presser autour de lui. Il demanda du pouvoir, et on lui en donna; on l'en accabla en haine d'une liberté dont les excès avaient ulcéré tous les cœurs et révolté tous les esprits. Cependant, il avait promis la paix, et il ne la donna un instant que pour préparer de nouvelles guerres; il avait promis le repos, et l'on se trouva engagé dans l'exécution des plus folles entreprises. On lui avait prodigué le pouvoir; il en voulut encore, et il en prit. Quand il fut au comble, irrité de n'avoir plus rien à demander ni à ravir, il s'attaqua aux corps constitués qu'il avait déjà soumis, et il les avilit. Il poursuivit la liberté jusques dans les plus petites articulations du corps social, et il l'en arracha. Alors s'accomplit le mystère de l'incarnation révolutionnaire, et, dans la personne de Buonaparte, la révolution fut faite homme. Dès ce moment, rien ne fut respecté; ni les lois, ni les hommes, ni la fortune, ni la vie, ni l'honneur : toutes les exactions, toutes les violences, toutes les folies furent conçues ou commises; un despotisme féroce s'éleva sur cet abîme d'iniquités, et fut porté jusqu'à la démence.

Ainsi, dans une période d'environ vingt-cinq années, la France a parcouru successivement tous les degrés dont se compose l'immense intervalle qui sépare l'extrême démagogie de l'extrême despotisme : expérience cruelle ! mais qui, du moins, l'a pour jamais désenchantée des vaines théories, et mise à l'abri de tous les prestiges. Comme elle a tout éprouvé, sa raison, si je puis m'exprimer ainsi, est arrivée par le malheur à son point de maturité parfaite. En 1789, égarée par la jeunesse et la fougue de ses vagues desirs, éprise d'une liberté dont elle ne connaissait pas le sage caractère, elle a pensé que tout ce qu'on ôtait de pouvoir au monarque, on le donnait au bonheur et à la prospérité du peuple; et bientôt elle s'est sentie entraînée dans une mer sans fonds et sans rives. En 1793 et 1794, poursuivant toujours cette liberté qui toujours lui échappait, elle s'est attachée à la licence; et toutes les calamités qui peuvent désoler un peuple, ont châtié son erreur et ses crimes. En 1795, revenue à des opinions moins exaltées, mais sans consistance, elle a

cru que des institutions nouvelles qui man-
quaient de l'autorité du temps, pouvaient se
passer encore de l'autorité de la religion et
des mœurs, de l'appui des volontés nationales;
et la frêle constitution qui fut élevée sur ces
faux principes, en péril à la moindre résistance,
s'écroula au premier choc. En 1800 et 1804,
fatiguée de ses longues agitations, et voulant à
tout prix le repos; aigrie par le souvenir des
crimes et des violences de tous les partis; dé-
sespérée de l'inutilité de ses tentatives, regar-
dant la liberté comme une chimère et l'ayant
prise en haine, elle appela le despotisme, elle
s'y abandonna, et il l'a dévorée. Aujourd'hui,
enfin, en 1814, épuisée et souffrante, mais re-
connaissant qu'un despote et un peuple sans
frein sont également à craindre; que la liberté, le repos, le bonheur ne se trouvent
jamais dans les extrêmes; ayant trop long-
temps souffert, et par trop de diverses causes,
pour conserver du ressentiment (1), la France
se trouve ramenée par l'expérience à la juste
appréciation de toutes les choses du gouvernement, et ses dispositions nécessairement

---

(1) Nous aimons à croire que l'auteur distingue le
ressentiment de la justice. (*Note de l'Editeur.*)

les meilleures dans lesquelles une nation puisse être, doivent inspirer d'autant plus de confiance, qu'elles ne sont plus chez elle une affaire de spéculation et de système, mais une affaire de conviction intime et de sentiment.

Actuellement, si l'on me demande quand et de quelle manière se manifesteront ces dispositions, de l'existence et de la droiture desquelles on ne peut plus douter; sur le premier point, je répondrai : Aussitôt que l'on aura désopprimé la nation, qu'on l'aura ressaisie de sa chose, et réoccupée d'elle-même; sur le second point, je dirai : Qu'elle ne s'exprimera que dans un ordre déterminé qu'on ne saurait intervertir, et qu'elle ne développera sa pensée qu'au fur et à mesure du développement des choses. Ainsi, par exemple, ce dont elle s'occupera d'abord et avant tout (lorsqu'elle aura été mise en situation de le faire), ce sera très-certainement de savoir si elle peut espérer de s'affranchir de l'homme et du gouvernement qui l'oppriment. Si cette question est résolue négativement, il est clair qu'il n'y en a plus aucune autre à faire, et l'essor national est au même instant comprimé; que si elle est résolue à l'affirmative, ou si seulement on permet à la nation de la résoudre, les qua-

tre - vingt - dix - neuf centièmes se prononce-
rait contre la tyrannie ; et l'on passera à la
seconde question qui se présente naturelle-
ment, savoir : Quel gouvernement devra suc-
céder à celui dont on sera délivré? Alors, et
unanimement, la nation demandera le gouvernement monarchique, le rétablissement
des institutions nationales constitutives de la
monarchie, la liberté civile, une représenta-
tion nationale divisée par chambres, et des
garanties consacrées par une charte royale. Si
le trône, ébranlé au 14 juillet, eût été affermi
avant la trop fameuse nuit du 4 août, qui
anéantit en un instant de délire toutes les institutions monarchiques, nul doute qu'il n'aurait alors été question d'aucune garantie ; mais
aujourd'hui que tout est anéanti, qu'on a
fait table rase, et qu'à peine on peut distin-
guer les restes des ruines, relever le trône
sans l'appuyer sur des institutions, et rétablir ces institutions sans les lier au trône et à
la nation par des garanties réciproques, ce
serait bâtir sur le sable, et se jeter à plaisir
dans des révolutions nouvelles.

Enfin, une troisième question occupera :
quel roi? Il y a dix ans, elle aurait divisé les
esprits ; elle les trouvera maintenant réunis

et fortifiera leur union. Eh ! qui n'est pas aujourd'hui pénétré du bienfait et de la nécessité d'une race royale, dont le droit supérieur
et imprescriptible élève la nation par la gran-
deur du monarque, en même temps qu'il as-
sure le repos des peuples en annonçant à tous
qu'il n'y a point d'ambition qui ne doive s'arrêter aux pieds du trône, que le plus grand des
crimes ne se peut qu'infructueusement com-
mettre, et qu'il faut mourir sujet. L'adoption de
ce salutaire principe de la prédomination ex-
clusive des races royales, témoigne assez quel
est le vœu des Français, quel sera celui qu'ils
exprimeront, et qu'après avoir si long-temps
porté dans leur cœur le regret de leurs princes, il leur sera doux d'écouter la raison d'état
qui leur en prescrit le rappel. Qu'il me soit
permis de le dire : ici les intérêts de la France
et ceux des alliés s'unissent intimement et se
confondent ; la restauration des Bourbons leur
importe également à tous ; le repos du monde
y est attaché, et il faut qu'enfin l'Europe ne
soit plus exposée à ce malheur et à ce scan-
dale de voir le bandeau des rois sur le front
d'un soldat, et ce soldat briser les trônes pour
se faire le *doyen des rois* (1).

____

(1) Expression commune, mais historique. En 1805,

J'ai fait connaître les véritables sentimens, les dispositions, les intérêts et les vœux de la France; j'ai fait voir comment, dès l'instant qu'elle pourra parler, elle demandera l'abolition de la tyrannie, une monarchie limitée, une race royale et la race de ses rois; il ne me reste plus qu'à indiquer quelques-uns des moyens par lesquels on pourrait faciliter la manifestation de toutes ces nobles pensées.

§. III.

J'ai promis des moyens d'une exécution facile, et je tiendrai parole.

Buonaparte isolait les hommes; il faut les rapprocher. Il a désintéressé la nation d'elle-même en lui retirant jusqu'à la plus petite part de l'administration de sa chose; il a tout envahi sur elle, et l'a laissée comme étrangère au sein de la patrie; c'est donc à rendre au peuple les inaliénables droits qu'on lui a si indignement ravis, qu'il faut s'attacher d'a-

---

Fouché, aujourd'hui duc d'Otrante, et alors ministre de la police générale, *Fouché me dit :* Il faut qu'avant dix ans Bonaparte soit le *doyen des rois de l'Europe.* *Fouché* ne faisait, dit-on, que répéter les paroles du maître, et pouvait n'en être pas dupe.

bord, et l'on n'y saurait plus utilement parvenir pour les alliés et pour la France qu'en
rétablissant par-tout le gouvernement municipal, cette administration de famille dont il
ne reste plus que les élémens, mais qui est si
bonne en soi qu'elle n'est incompatible avec
aucun autre gouvernement que le despotique.
Aussitôt la nation réoccupée d'elle-même,
ressaisie de sa chose et en possession de ce
qu'il y a de plus positif et de moins dange-
reux dans la liberté, recouvrera le sentiment
de son existence et ne craindra plus ni de
penser, ni de sentir, ni d'exprimer ses opinions et son vœu.

Le gouvernement municipal s'exerçant toujours par plusieurs et sous la forme de conseils, un grand nombre de citoyens se trouvent nécessairement engagés dans les affaires
publiques et intéressés à leur succès. Mais
outre que ces conseils ont des présidens, ils
souffrent encore des commissaires de l'autorité supérieure, chargés de la communication
des ordres qu'elle peut avoir à leur donner,
chargés aussi d'en requérir l'exécution et de
la surveiller, ainsi que celle des lois générales;
de sorte que tout est à espérer de leur rétablissement, sans que rien en soit à craindre.

Un des avantages du gouvernement municipal, et qu'on peut regarder comme l'un des
plus précieux dans les circonstances, c'est
qu'étant par le détail de ses attributions, en
contact immédiat avec la masse de la nation,
il peut néanmoins, avec une légère exten-
sion, et sans changer de nature, s'élever aux
plus hautes parties de l'administration et suffire à tout.

En conséquence je proposerai les mesures
suivantes :

1° A l'instant, et dans tous les départemens
occupés par les armées alliées, seront convo-
qués et demeureront en exercice les conseils
généraux de départemens et d'arrondissemens, ainsi que les conseils municipaux.

2°. Le nombre des membres des conseils
généraux de département sera *triplé* ; celui
des conseils généraux d'arrondissement sera
tiercé ; celui des conseils municipaux sera
doublé.

Le motif de l'augmentation du nombre des membres des conseils généraux de départemens, d'arrondissemens, etc., est dans la multiplicité des
affaires occasionnées par la circonstance ; il a aussi
pour but d'engager un plus grand nombre d'indi-

vidus. L'inégalité de cette augmentation est fondée sur l'inégalité d'importance, et sur la population des lieux de résidence.

3°. Les nouveaux membres des conseils généraux de département, etc., seront nommés par ceux actuellement en exercice, lesquels néanmoins seront tenus de choisir dans la liste des six cents plus imposés du département, à peine de nullité de la nomination. Les nouveaux et les anciens membres réunis, nommeront leur président.

4°. Il y aura un commissaire de l'autorité supérieure, près chaque conseil général de département et d'arrondissement.

5°. Les secrétaires généraux de préfecture partout où ils seront restés, sont provisoirement nommés commissaires près les conseils généraux de départemens.

6°. Il sera nommé un *commissaire général extraordinaire*, pour l'administration départementale et municipale des provinces occupées par les alliés, et ce commissaire devra être Français.

7°. Les conseils généraux de département seront chargés de l'administration de la police, justice et finances, et même de la levée de gens de guerre, s'il en est levé.

8°. Les conseils généraux d'arrondissement auront les mêmes fonctions, mais sous la direction des conseils généraux de départemens, auxquels ils référeront et avec lesquels ils correspondront.

9°. Les conseils municipaux seront chargés de l'administration communale, sous la surveillance des conseils généraux d'arrondissement.

10°. Les commissaires près les conseils généraux de départemens y représenteront l'autorité supérieure ; ils en communiqueront les ordres et en requerreront l'exécution ; ils surveilleront toutes les parties de l'administration ; ils correspondront avec le *commissaire général extraordinaire*, dont ils recevront les instructions et les ordres.

11°. Les commissaires près les conseils généraux d'arrondissemens y rempliront les mêmes fonctions que ceux près les conseils généraux de départemens.

12°, Le *commissaire général extraordinaire*, pour l'administration départementale et municipale des provinces occupées par les alliés, correspondra avec l'autorité supérieure, et en recevra directement les ordres qu'il transmettra aux commissaires après les

conseils généraux de départemens; il présen-
tera ceux-ci à la nomination de l'autorité supérieure; il suivra le mouvement et l'ensem-
ble de l'administration; il sera spécialement
chargé de la police générale; il rendra compte
à l'autorité.

Je n'ai pas besoin, je pense, d'entrer dans
le détail des effets soudains que ne peut man-
quer de produire une mesure qui mettra en
mouvement et intéressera plus de soixante
mille propriétaires des provinces occupées;
on voit assez au premier coup d'œil tout ce que
cet état de vie et de liberté comparé à l'état
d'esclavage et de mort du gouvernement de
Buonaparte, doit inévitablement donner de
résultats favorables à la cause des alliés et de
la France. Si l'on m'objecte que la présence et
les besoins des armées pourront attiédir ces
propriétaires sur qui tombe principalement
le poids des circonstances, et que l'on risque
de les trouver plus mécontens qu'empressés à
servir leur pays et à manifester les secrets
sentimens de leur cœur, je ferai observer que
les provinces restées à Buonaparte ne sont pas
moins foulées, qu'elles le sont peut-être davan-
tage par la continuité des marches et contre-
marches auxquelles l'assujétit l'infériorité de

ses forces, par leur position au nord et dans le midi de son empire, et le continuel transport qui s'en fait de l'un à l'autre point; tandis que les alliés ne tenant qu'une partie de la circonférence, laquelle se resserre chaque jour en s'approchant du centre, peuvent ne fatiguer que le front de cette ligne : de sorte que les choses étant au moins égales de ce côté, il reste toujours en faveur des alliés et de la bonne cause, la haine que l'on porte à Buonaparte, ainsi qu'à son gouvernement, et tous les avantages que l'on est en droit d'attendre d'une administration libérale et sagement populaire.

A ces considérations déjà si décisives, j'en ajouterai une qui me paraît devoir mériter quelque attention. Les mesures que j'ai proposées, quoique spécialement destinées à faciliter l'essor des sentimens et l'émission des vœux de la nation, sont susceptibles d'embrasser une infinité d'autres objets, et l'on peut reconnaître à quelques-unes de leurs dispositions, que j'en ai eu la prévoyante pensée. C'est par elles que l'on pourra surtout alléger le fardeau de la présence des armées et suffire à leurs besoins par un meilleur ménagement des ressources, par une plus égale répartition des charges , et surtout parce qu'elles seront réparties par délibération et par des autorités nationales. Lorsqu'il en sera temps, et si ces mesures sont adoptées , je donnerai tous les moyens nécessaires pour atteindre ce nouveau but.

Aux moyens ci-dessus proposés et qui seuls produiraient toujours un grand et prompt effet, il conviendrait néanmoins d'ajouter les dispositions suivantes :

I. Organiser une police sévère dans l'armée alliée , en charger une seule nation, par conséquent un seul général.

II. Rétablir les communications dans leur plus grande liberté possible , réorganiser le service des postes, et même celui des voitures publiques.

III. Créer un journal officiel pour les provinces occupées, et provoquer l'établissement ou le rétablissement des feuilles périodiques.

IV. Donner un réglement (1) sur la liberté de la presse.

____

(1) On pense qu'il s'agit en effet de *régler,* mais que régler n'est pas *anéantir*. On serait du moins fort surpris et très-affligé de voir M. J. Turot se réunir à ceux que la tyrannie de Buonaparte n'a pu réconcilier avec une raisonnable liberté de la presse, lorsqu'il l'a si bien

Ces mesures qui ne sont pas d'une moins facile éxcution que les premières, en assureront, en completteront le succès, et prépareront rapidement la réorganisation générale.

---

défendue contre les violences du directoire. (Voir son ouvrage intitulé *De l'opposition et de la liberté de la presse.*) (*Note de l'Editeur.*)

FIN.